Ramadan und Zuckerfest

Isabelle de Ridder

Zeichnungen: Annette Links

Ars Scribendi Verlag

Übersetzung und Lektorat
Simone Mann, BVK Buch Verlag Kempen GmbH

Autor
Isabelle de Ridder, Zoetermeer

Design
Astrid van der Neut, Rotterdam

DTP Deutsche Ausgabe
Freek Kuijstermans

Bilderfassung
Lineair Beeldresearch, Arnhem

Bilder
Marcel Antonisse/ANP Foto, Rijswijk: Abdeckung
Nationale Beeldbank, Den Haag: 6, 14
Sabine Joosten, Baarn: 8, 10, 12
Flip Franssen/Hollandse Hoogte, Den Haag: 16
Shutterstock, New York: 18
Koen Verheijden/HH, Den Haag: 20
Bert Spiertz/Hollandse Hoogte, Den Haag: 22

Zeichnungen
Annette Links, Maarssen

MIX
Papier van verantwoorde herkomst
FSC® C004472

0 / 16

Kontaktieren Sie **lektorat@coronalesen**.de oder besuchen Sie: **www.arsscribendi.com/de**.
Fragen zu den Veröffentlichungen von Ars Scribendi richten Sie bitte an den Herausgeber.
Der Herausgeber übernimmt keine Verantwortung für Fehler oder Missverständnisse.

ISBN 978-94-6341-431-9

Mehr Informationen über unser Programm finden Sie auf **www.arsscribendi.com/de**.
Bestellen können Sie über unsere Webseite oder über den (Online-)Buchhandel.

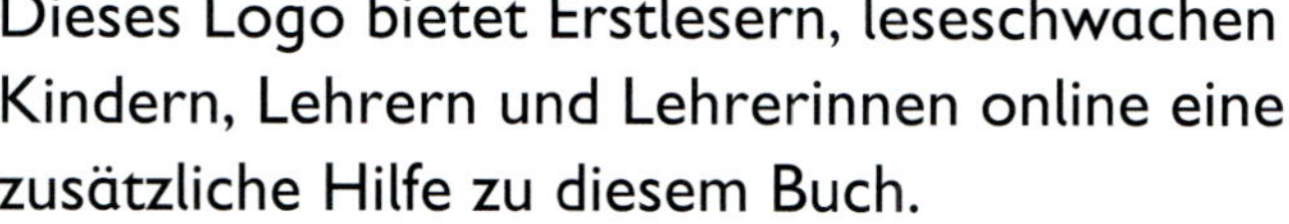

Dieses Logo bietet Erstlesern, leseschwachen Kindern, Lehrern und Lehrerinnen online eine zusätzliche Hilfe zu diesem Buch.

Verwenden Sie dafür den Code auf **www.coronalesen.de**

14319

Wovon handelt das Buch?

4  Schau mal!

6  Der Glaube

8 

Fasten und feiern

10  Regeln

12  Wer macht nicht mit?

14  Essen, wenn es dunkel ist

16  Kurz vor dem Fest

18 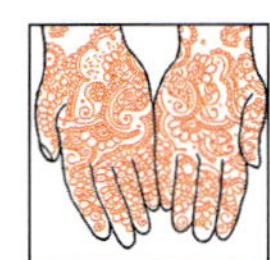 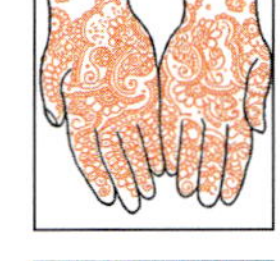 Verzieren

20  Das Zuckerfest

22  Zuckerfest in der Schule

24  Wichtige Wörter

Schau mal!

Der Glaube

Das ist eine Moschee.
Das ist eine Art Kirche.
Menschen kommen
hier zusammen.

Einige Menschen haben einen Glauben.
Sie glauben an Gott oder Allah.
Glaubst du an Allah? Dann bist du ein Muslim.
Der Glaube der Muslime ist der Islam.
Im Islam gibt es viele Sitten und Gebräuche.
Zum Beispiel liest man den Koran.
Das ist ein wichtiges Buch im Islam.
Und die Muslime beten fünf Mal am Tag.
Muslime kommen in der Moschee zusammen.
Ein Monat im Jahr ist für die Muslime
besonders.
Den Monat nennt man Ramadan.

Muslime beten in der Moschee. Beim Gebet sprechen sie mit Allah.

Fasten und feiern

Das ist Abbas.

Seine Eltern sind Muslime.

Abbas und seine Schwester

sind auch Muslime.

Ramadan ist der Name eines Monats im Islam.
In diesem Monat essen und trinken Muslime nichts,
solange es Tageslicht gibt.
Nichts zu essen und zu trinken nennt man fasten.
Der Ramadan dauert ungefähr 30 Tage.
Am Ende gibt es ein großes Fest.
Muslime feiern dann das Ende des Ramadan.

Regeln

„Schau“, sagt Abbas.
„Dieses Buch gehört
zu unserem Glauben.“

Während des Ramadans fasten Muslime.
Und sie halten sich in diesem Monat sehr genau
an die anderen Regeln ihres Glaubens.
Sie versuchen, nicht wütend zu werden
und sich nicht zu streiten.
Sie fluchen und lügen nicht.
Außerdem sorgen sie für kranke und alte Menschen.

Im Ramadan fühlen Muslime,
was es heißt, Hunger zu haben.
Sie lernen, geduldig zu sein
und an andere zu denken.
Wenn sie sich an die Regeln halten,
wissen sie, dass sie gute Muslime sind.

Wer macht nicht mit?

Abbas isst Suppe.
Seine Schwester Salma isst sie auch.
Mama ist nichts,
weil es noch Tag ist.

Diese Menschen fasten nicht
im Ramadan.

30 Tage lang tagsüber nichts zu essen
und zu trinken, ist schwierig.
Man hat Hunger und Durst
und man fühlt sich schlapp.
Deshalb fastet nicht jeder.
Kinder machen nicht mit.
Sie bewegen sich den ganzen Tag
und wachsen noch.
Kinder brauchen Essen und Trinken.
Wenn sie ungefähr 10 Jahre alt sind,
fasten Kinder eine Stunde oder ein paar Stunden,
manchmal auch einen ganzen Tag.
Alte und kranke Menschen fasten auch nicht.
Das ist nicht gut für sie.
Das gilt auch für schwangere Frauen.
Wenn sie nicht gut essen, wächst das Baby nicht.

Essen, wenn es dunkel ist

Die Sonne ist untergegangen.
Man darf wieder essen.
Als Erstes trinkt man ein Glas Milch
und isst eine Dattel.
Das nennt man Fastenbrechen.

Der Ramadan ist immer in einer anderen Jahreszeit.
Im Sommer ist das Fasten besonders schwierig.
Von der Wärme bekommt man Durst.
Aber man darf nicht trinken.
Und es ist länger hell.
Es dauert lange, bis es dunkel wird und man essen darf.

Wenn die Sonne untergegangen ist,
essen Muslime zusammen.
Kinder werden wachgemacht, damit sie mitessen können.
Erst isst man Datteln und trinkt Milch.
Nach dem Essen ist es spät und alle gehen schlafen.
Aber man schläft nicht sehr lange.
Denn bis die Sonne aufgeht, muss man gefrühstückt haben.

Kurz vor dem Fest

Arzu und Fidan
bereiten verschiedene
Speisen zu.
Sie sind für das Fest.
Oma hilft auch.

Nach 30 Tagen ist der Ramadan vorbei.
Muslime feiern dann, dass sie
das Fasten durchgehalten haben.
Das machen sie mit allerlei leckeren süßen Speisen.
Deshalb heißt das Fest Zuckerfest.
Es dauert fast drei Tage.

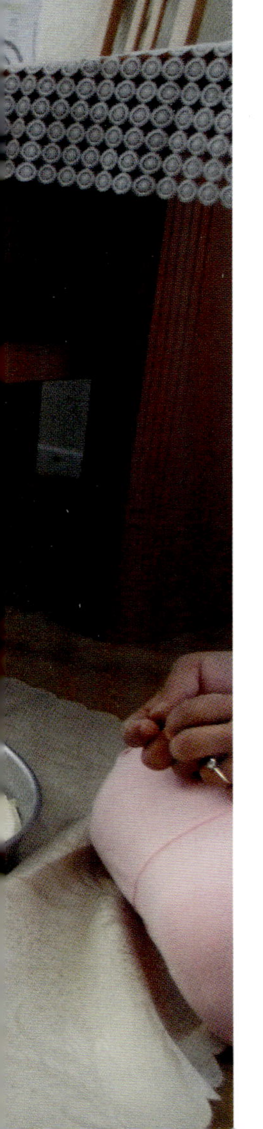

Für das Fest muss viel vorbereitet werden.
Das Haus wird aufgeräumt und schön gemacht.
Neue Kleidung wird gekauft.
Außerdem müssen Einkäufe gemacht werden.
Dann werden jede Menge leckere Häppchen
für das Fest zubereitet.

Verzieren

Fidan macht sich schön.
Es ist für das Fest.
Sie bekommt Farbe
auf ihre Hand.

Jeder macht sich schön für das Fest.
Einige Frauen verzieren
ihre Hände mit Henna.
Henna ist eine Art Farbe,
mit der man auf der Haut malen kann.

Auch das Haus wird verschönert.
Viele Muslime hängen Girlanden und Luftballons auf.
Andere stellen viele Blumen und Pflanzen hin.
Oder sie schmücken das Haus mit Laternen.
Die geben mehr Licht.
An allem kann man erkennen, dass bald das Fest ist.

Das Zuckerfest

Abbas ist froh.

Jetzt ist das Fest.

Es ist voll

in seinem Zuhause.

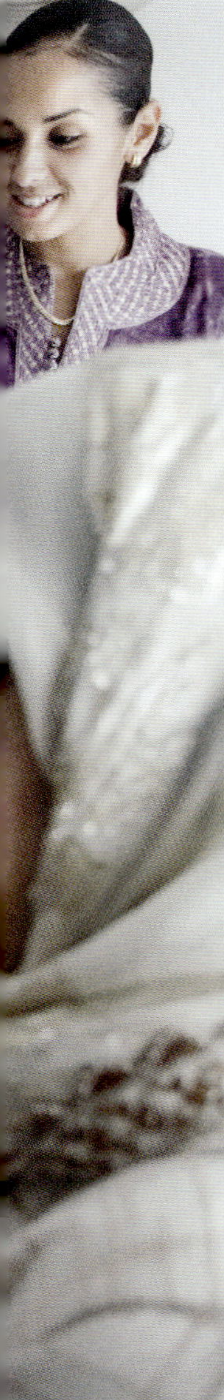

Endlich ist das Zuckerfest.
Solange es hell ist, wird gegessen.
Der Monat des Fastens ist nun vorbei.
Danach gehen die Männer
und Jungen in die Moschee.
Frauen und Mädchen gehen meistens auch.

Während des Fests kommt die Familie zusammen.
Jeder ist schön angezogen.
Er gibt viel zu essen, vor allem süße Häppchen.
Die Kinder bekommen Geschenke, Geld und Süßigkeiten.

Zuckerfest in der Schule

Heute ist auch ein Fest
in der Schule.
Lina trägt einen neuen Pullover.
Sie nimmt sich ein Häppchen.

Muslimische Kinder gehen manchmal
in eine Schule, die zu ihrem Glauben passt.
Auf einer islamischen Schule
haben die Kinder Unterricht über den Islam.
Außerdem beten sie in der Schule.
Während des Zuckerfests haben die Kinder frei.
Am nächsten Tag
feiern sie das Fest in der Schule.
Sie nehmen leckere Häppchen mit
und essen sie gemeinsam.
Manchmal machen sie eine Aufführung.
Es ist ein bisschen wie ein Weihnachtsfest in der Schule.

Wichtige Wörter

der Islam

Abbas ist ein Muslim, sein Glaube ist der Islam.

die Moschee

Der Vater von Abbas betet in der Moschee.

der Koran

Abbas kann im Koran lesen.

fasten

Die Eltern von Abbas fasten im Monat Ramadan.

die Dattel

Salma ist eine süße Dattel.

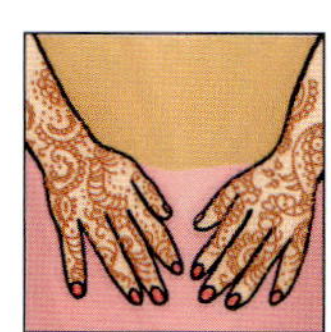

das Henna

Fidans Hände sind mit Henna verziert.

das Zuckerfest

Diese Häppchen stehen bereit für das Zuckerfest.

die islamische Schule

Abbas geht auf eine islamische Schule.

Bücher in dieser Reihe:

978-94-6341-431-9

978-94-6341-432-6

978-94-6341-433-3

978-94-6341-434-0

978-94-6341-440-1